W0285898

Und durch die Stille braust das Meer

Gedichte von Theodor Storm

Fotografien von Günter Pump

Husum

Theodor Storm

war Jurist und ein bedeutender deutscher Schriftsteller. Der 1817 in Husum geborene Storm begann seine schriftstellerische Laufbahn bereits in jungen Jahren als Lyriker. Später entstanden zahlreiche Novellen, deren vielleicht berühmteste – den „Schimmelreiter" – er kurz vor seinem Tode 1888 fertigstellte. Seine Werke wurden in viele Sprachen übersetzt, vertont oder verfilmt.

Sein lyrisches Werk ist gekennzeichnet durch zahlreiche Liebes-, Erinnerungs- und Abschiedsgedichte. Vor allem Naturimpressionen spielen in Storms dichterischem Universum eine große Rolle: Wie kein Zweiter hat er die Stimmungen des Meeres und der Landschaft seiner Heimat dichterisch zum Ausdruck gebracht.

Die Stadt

Am grauen Strand, am grauen Meer
Und seitab liegt die Stadt;
Der Nebel drückt die Dächer schwer,
Und durch die Stille braust das Meer
Eintönig um die Stadt.

Es rauscht kein Wald, es schlägt im Mai
Kein Vogel ohn Unterlass;
Die Wandergans mit hartem Schrei
Nur fliegt in Herbstesnacht vorbei,
Am Strande weht das Gras.

Doch hängt mein ganzes Herz an dir,
Du graue Stadt am Meer;
Der Jugend Zauber für und für
Ruht lächelnd doch auf dir, auf dir,
Du graue Stadt am Meer.

Mit einer Handlaterne

Laterne, Laterne!
Sonne, Mond und Sterne,
Die doch sonst am Himmel stehn,
Lassen heut sich nimmer sehn;
Zwischen Wasserreih und Schloss
Ist die Finsternis so groß,
Gegen Löwen rennt man an,
Die man nicht erkennen kann!

Kleine freundliche Latern,
Sei du Sonne nun und Stern:
Sei noch oft der Lichtgenoss
Zwischen Wasserreih und Schloss
Oder – dies ist einerlei –
Zwischen Schloss und Wasserreih!

Meeresstrand

Ans Haff nun fliegt die Möwe,
Und Dämm'rung bricht herein;
Über die feuchten Watten
Spiegelt der Abendschein.

Graues Geflügel huschet
Neben dem Wasser her;
Wie Träume liegen die Inseln
Im Nebel auf dem Meer.

Ich höre des gärenden Schlammes
Geheimnisvollen Ton,
Einsames Vogelrufen –
So war es immer schon.

Noch einmal schauert leise
Und schweiget dann der Wind;
Vernehmlich werden die Stimmen,
Die über der Tiefe sind.

Märznacht

Am Fenster lehn ich, müd, verwacht.
Da ruft es weithin durch die Nacht. –

Hoch oben hinter Wolkenflug
Hinschwimmt ein Wandervögelzug.

Sie fahren dahin mit hellem Schrei
Hoch unter den Sternen in Lüften frei.

Sie sehn von fern den Frühling blühn,
Wild rauschen sie über die Lande hin.

O Herz, was ist's denn, das dich hält?
Flieg mit hoch über der schönen Welt!

Dem wilden Schwarm gesell dich zu;
Vielleicht siehst auch den Frühling du!

Dann gib noch einmal aus Herzensdrang
Einen Laut, ein Lied, wie es einstens klang!

An die Freunde

Wieder einmal ausgeflogen,
Wieder einmal heimgekehrt;
Fand ich doch die alten Freunde
Und die Herzen unversehrt.

Wird uns wieder wohl vereinen
Frischer Ost und frischer West?
Auch die losesten der Vögel
Tragen allgemach zu Nest.

Immer schwerer wird das Päckchen,
Kaum noch trägt es sich allein;
Und in immer engre Fesseln
Schlinget uns die Heimat ein.

Und an seines Hauses Schwelle
Wird ein jeder festgebannt;
Aber Liebesfäden spinnen
Heimlich sich von Land zu Land.

Ostern

Es war daheim auf unserm Meeresdeich;
Ich ließ den Blick am Horizonte gleiten,
Zu mir herüber scholl verheißungsreich
Mit vollem Klang das Osterglockenläuten.

Wie brennend Silber funkelte das Meer,
Die Inseln schwammen auf dem hohen Spiegel,
Die Möwen schossen blendend hin und her,
Eintauchend in die Flut die weißen Flügel.

Im tiefen Kooge bis zum Deichesrand
War sammetgrün die Wiese aufgegangen;
Der Frühling zog prophetisch über Land,
Die Lerchen jauchzten und die Knospen sprangen. –

Entfesselt ist die urgewalt'ge Kraft,
Die Erde quillt, die jungen Säfte tropfen,
Und alles treibt, und alles webt und schafft,
Des Lebens vollste Pulse hör ich klopfen.

Der Flut entsteigt der frische Meeresduft;
Vom Himmel strömt die goldne Sonnenfülle;
Der Frühlingswind geht klingend durch die Luft
Und sprengt im Flug des Schlummers letzte Hülle.

O wehe fort, bis jede Knospe bricht,
Dass endlich uns ein ganzer Sommer werde;
Entfalte dich, du gottgebornes Licht,
Und wanke nicht, du feste Heimaterde! –

Hier stand ich oft, wenn in Novembernacht
Aufgor das Meer zu gischtbestäubten Hügeln,
Wenn in den Lüften war der Sturm erwacht,
Die Deiche peitschend mit den Geierflügeln.

Und jauchzend ließ ich an der festen Wehr
Den Wellenschlag die grimmen Zähne reiben;
Denn machtlos, zischend schoss zurück das Meer –
Das Land ist unser, unser soll es bleiben!

Morgane

An regentrüben Sommertagen,
Wenn Luft und Flut zusammenragen
Und ohne Regung schläft die See,
Dann steht an unserm grauen Strande
Das Wunder aus dem Morgenlande,
Morgane, die berufne Fee.

Arglistig halb und halb von Sinne,
Verschmachtend nach dem Kelch der Minne,
Der stets an ihrem Mund versiegt,
Umgaukelt sie des Wandrers Pfade
Und lockt ihn an ein Scheingestade,
Das in des Todes Reichen liegt.

Von ihrem Zauberspiel geblendet,
Ruht manches Haupt in Nacht gewendet,
Begraben in der Wüste Schlucht;
Denn ihre Liebe ist Verderben,
Ihr Hauch ist Gift, ihr Kuss ist Sterben,
Die schönen Augen sind verflucht.

So steht sie jetzt im hohen Norden
An unsres Meeres dunklen Borden,
So schreibt sie fingernd in den Dunst;
Und quellend aus den luft'gen Spuren
Erstehn in dämmernden Konturen
Die Bilder ihrer argen Kunst.

Doch hebt sich nicht wie dort im Süden
Auf rosigen Karyatiden
Ein Wundermärchenschloss ins Blau;
Nur einer Hauberg graues Bildnis
Schwimmt einsam in der Nebelwildnis,
Und keinen lockt der Hexenbau.

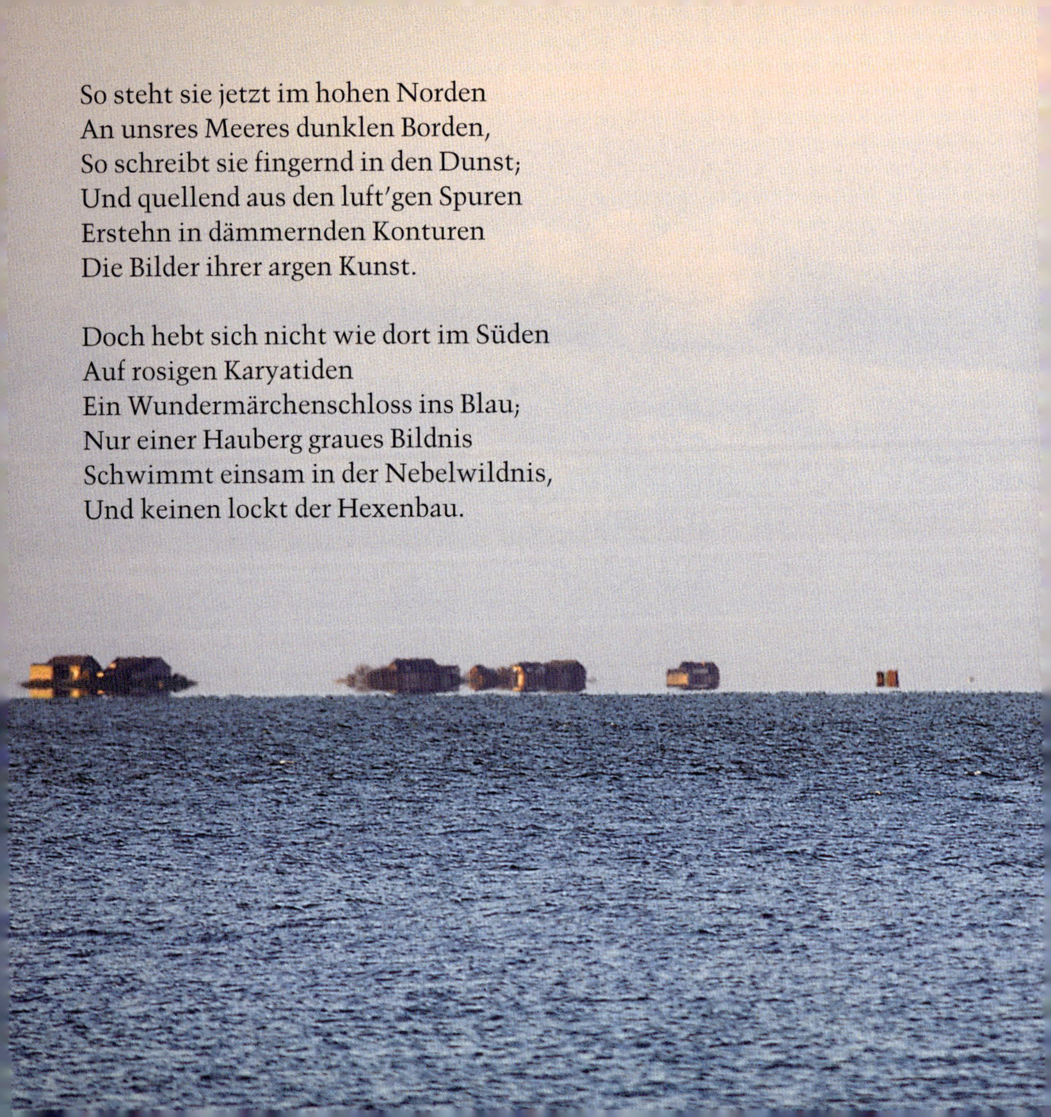

Bald wechselt sie die dunkle Küste
Mit Libyens sonnengelber Wüste
Und mit der Tropenwälder Duft;
Dann bläst sie lachend durch die Hände,
Dann schwankt das Haus, und Fach und Wände
Verrinnen quirlend in die Luft.

Westermühlen

Die Heimat hier und hier dein erster Traum!
Das Mühlrad rauscht, so lustig stäubt der Schaum,
Und unten blinkt der Bach in tiefem Schweigen,
Ein Spiegelgrund, drin blau der Himmel ruht.
Vom Ufer rings mit ihren dunklen Zweigen
Taucht sich die Erle in die klare Flut.
Horch, Peitschenknall und muntrer Pferdetrab!
Die Räder knirschen durch den feuchten Sand.
Halt an, halt an! Nun sacht den Berg hinab
Und durch den Bach zum andern Uferrand.
Dann wieder aufwärts links den Weg entlang
Hinauf zur Mühle mit des Kornes Last,
Wo von der Eiche unermüdlich klang
Der Stare fröhlich Plaudern hoch vom Ast.
Zehn Schritte noch, da steht im Schattengrunde
Der Linden halb versteckt das Müllerhaus;
Der Müller mit der Tabakspfeif im Munde
Lehnt in der Tür und schaut behaglich aus.

Abseits

Es ist so still; die Heide liegt
Im warmen Mittagssonnenstrahle,
Ein rosenroter Schimmer fliegt
Um ihre alten Gräbermale;
Die Kräuter blühn; der Heideduft
Steigt in die blaue Sommerluft.

Laufkäfer hasten durchs Gesträuch
In ihren goldnen Panzerröckchen,
Die Bienen hängen Zweig um Zweig
Sich an der Edelheide Glöckchen,
Die Vögel schwirren aus dem Kraut –
Die Luft ist voller Lerchenlaut.

Ein halb verfallen' niedrig' Haus
Steht einsam hier und sonnbeschienen;
Der Kätner lehnt zur Tür hinaus,
Behaglich blinzelnd nach den Bienen;
Sein Junge auf dem Stein davor
Schnitzt Pfeifen sich aus Kälberrohr.

Kaum zittert durch die Mittagsruh
Ein Schlag der Dorfuhr, der entfernten;
Dem Alten fällt die Wimper zu,
Er träumt von seinen Honigernten.
– Kein Klang der aufgeregten Zeit
Drang noch in diese Einsamkeit.

Im Garten

Hüte, hüte den Fuß und die Hände,
Eh sie berühren das ärmste Ding!
Denn du zertrittst eine hässliche Raupe
Und tötest den schönsten Schmetterling!

Noch einmal!

Noch einmal fällt in meinen Schoß
Die rote Rose Leidenschaft;
Noch einmal hab ich schwärmerisch
In Mädchenaugen mich vergafft;
Noch einmal legt ein junges Herz
An meines seinen starken Schlag;
Noch einmal weht an meine Stirn
Ein juniheißer Sommertag.

Hyazinthen

Fern hallt Musik; doch hier ist stille Nacht,
Mit Schlummerduft anhauchen mich die Pflanzen.
Ich habe immer, immer dein gedacht;
Ich möchte schlafen, aber du musst tanzen.

Es hört nicht auf, es rast ohn Unterlass;
Die Kerzen brennen und die Geigen schreien,
Es teilen und es schließen sich die Reihen,
Und alle glühen; aber du bist blass.

Und du musst tanzen; fremde Arme schmiegen
Sich an dein Herz; o leide nicht Gewalt!
Ich seh dein weißes Kleid vorüberfliegen
Und deine leichte, zärtliche Gestalt. – –

Und süßer strömend quillt der Duft der Nacht
Und träumerischer aus dem Kelch der Pflanzen.
Ich habe immer, immer dein gedacht;
Ich möchte schlafen, aber du musst tanzen.

Oktoberlied

Der Nebel steigt, es fällt das Laub;
Schenk ein den Wein, den holden!
Wir wollen uns den grauen Tag
Vergolden, ja vergolden!

Und geht es draußen noch so toll,
Unchristlich oder christlich,
Ist doch die Welt, die schöne Welt,
So gänzlich unverwüstlich!

Und wimmert auch einmal das Herz –
Stoß an und lass es klingen!
Wir wissen's doch, ein rechtes Herz
Ist gar nicht umzubringen.

Der Nebel steigt, es fällt das Laub;
Schenk ein den Wein, den holden!
Wir wollen uns den grauen Tag
Vergolden, ja vergolden!

Wohl ist es Herbst; doch warte nur,
Doch warte nur ein Weilchen!
Der Frühling kommt, der Himmel lacht,
Es steht die Welt in Veilchen.

Die blauen Tage brechen an,
Und ehe sie verfließen,
Wir wollen sie, mein wackrer Freund,
Genießen, ja genießen!

Ständchen

Weiße Mondesnebel schwimmen
Auf den feuchten Wiesenplanen;
Hörst du die Gitarre stimmen
In dem Schatten der Platanen?

Dreizehn Lieder sollst du hören,
Dreizehn Lieder, frisch gedichtet;
Alle sind, ich kann's beschwören,
Alle nur an dich gerichtet.

An dem zarten schlanken Leibchen
Bis zur Stirne auf und nieder,
Jedes Fünkchen, jedes Stäubchen,
Alles preisen meine Lieder.

Wahrlich, Kind, ich hab zuzeiten
Übermütige Gedanken!
Unermüdlich sind die Saiten,
Und der Mund ist ohne Schranken.

Vom geheimsten Druck der Hände
Bis zum nimmersatten Küssen!
Ja, ich selber weiß am Ende
Nicht, was du wirst hören müssen.

Lass dich warnen, lass mich schweigen,
Lass mich Lied um Liebe tauschen;
Denn die Blätter an den Zweigen
Wachen auf und wollen lauschen.

Weiße Mondesnebel schwimmen
Auf den feuchten Wiesenplanen;
Hörst du die Gitarre stimmen
In dem Schatten der Platanen?

Im Walde

Hier an der Bergeshalde
Verstummet ganz der Wind;
Die Zweige hängen nieder,
Darunter sitzt das Kind.

Sie sitzt in Thymiane,
Sie sitzt in lauter Duft;
Die blauen Fliegen summen
Und blitzen durch die Luft.

Es steht der Wald so schweigend,
Sie schaut so klug darein;
Um ihre braunen Locken
Hinfließt der Sonnenschein.

Der Kuckuck lacht von ferne,
Es geht mir durch den Sinn:
Sie hat die goldnen Augen
Der Waldeskönigin.

Geflüster der Nacht

Es ist ein Flüstern in der Nacht,
Es hat mich ganz um den Schlaf gebracht;
Ich fühl's, es will sich was verkünden
Und kann den Weg nicht zu mir finden.

Sind's Liebesworte, vertrauet dem Wind,
Die unterwegs verwehet sind?
Oder ist's Unheil aus künftigen Tagen,
Das emsig drängt sich anzusagen?

Titelbild: Auslaufende Wellen

Bibliografische Information Der Deutschen Nationalbibliothek

Die Deutsche Nationalbibliothek verzeichnet diese Publikation in der Deutschen Nationalbibliografie; detaillierte bibliografische Daten sind im Internet über http://dnb.dnb.de abrufbar.

2. Auflage 2015

© 2011 by Husum Druck- und Verlagsgesellschaft mbH u. Co. KG, Husum

Druck und Verarbeitung: Husum Druck- und Verlagsgesellschaft
Postfach 1480, D-25804 Husum – www.verlagsgruppe.de

ISBN 978-3-89876-557-2